Commander ce livre en ligne à www.trafford.com
Ou par courriel à orders@trafford.com

La plupart de nos titres sont aussi disponibles dans les librairies en ligne majeures.

ISBN: 978-1-4120-9847-2 (sc)

Trafford PUBLISHING® www.trafford.com

Amérique du Nord & international
sans frais: 1 888 232 4444 (États-Unis et Canada)
télécopieur: 812 355 4082

Le travail : bonheur pour l'humanité

Cyrille Olou

Le travail : bonheur pour l'humanité

Remerciement :

Remercier son semblable pour une action petite ou grande de sa part, c'est aussi une manière parmi d'autres de prouver que l'on est un être social. Car le remerciement est une manière de reconnaître qu'aucun individu sur terre ne peut accomplir son humanité en vivant dans un individualisme extrême et sans rapport avec autrui. Dès lors, rien d'étonnant que je puisse remercier du profond de mon cœur, tous ceux qui ont contribué d'une manière ou d'une autre à la publication de cet ouvrage. Mes remerciements s'étendent à une ribambelle d'individus mais cela ne m'empêche guère d'adresser mes sincères remerciements à Qaezé Tauei pour le choix de la maison d'édition, à mes deux professeurs Alsaleh, Rossi et à Richard Lavoine pour les corrections. Je n'oublie pas Mady Camara pour la réalisation de la mise en page ainsi que Hammi Aarav le Amazigh. Cependant, j'ai itou une profonde reconnaissance pour ma maison d'édition Trafford et en particulier à ma brillante consultante Angeles Devesa. Et ce serait une injustice grave de ma part de ne point penser ici à ma mère Félicité Dogbovi pour le soutient morale et à mon père Gabriel Olou qui, il faut le dire, participa aussi à la correction de cet ouvrage. Mais, remercier des hommes sans penser à Dieu serait encore une injustice plus grave car s'il est vrai que c'est l'homme qui fait l'homme, il est d'abord clair comme du cristal que c'est Dieu qui fait que l'homme arrive à faire l'homme.

Préface

Toute réalisation humaine a toujours été prédéterminée par des facteurs déterminants. Autrement dit, stimulation d'abord par quelque chose quelle que soit la nature de celle-ci, pour qu'ensuite naisse davantage une passion rationnelle, expression de l'affirmation de soi par l'esprit, aboutissant finalement à l'action et à la concrétisation des pensées. C'est en partie dans ce contexte d'esprit, que naquit dans le domaine de la plus haute sphère des raisonnements rationnels, un grand homme, un homme pas comme presque tous les autres hommes, un homme dont plusieurs autres hommes ont proclamé la rareté et qui fut fortement influencé, non seulement et surtout par la résultante des pensées de plusieurs grands penseurs, mais aussi et surtout par un acteur, représentant le facteur déterminant l'accomplissement de cette œuvre.

Mais qui est-ce ce stimulus vivant ? « Il s'agit de mon professeur **ATTIGNON Nestor**. Cet homme qui m'a le plus marqué dans mon cursus scolaire jusqu'à présent, a été sans doute, à l'origine de ma motivation à être penseur et de ma volonté intense à écrire. Certes, les idées de ce livre ne sont pas les siennes mais il joua un grand rôle dans leurs élaborations psychiques. La somme de la sagesse socratique et du rigorisme kantien de cet homme ne peut que faire de lui un idéal pour moi. Cet homme m'a révolutionné de l'intérieur ». Si l'auteur a pu écrire cet ouvrage en classe de première, à 17 ans et seulement en sept jours, c'est donc en partie grâce à cet homme, Attignon Nestor. << Cet homme m'a révolutionné de l'intérieur>>, écrit l'auteur.

Mais qui aurait pu imaginer pareille réalisation de si tôt ? Il est bien vrai que l'idée avait été déjà mûrie au sein d'un cercle restreint dans un milieu où les conditions ne le permettaient pas vraiment ;mais étant un travailleur assoiffé et dévoré plus que jamais du désir d'écrire, « le philosophe de la terre » a très vite semé ses pensées sur un terrain bien labouré, les a arrosées, entretenues et elles ont germé, puis grandi en donnant ces fruits que sont aujourd'hui le résultat ce cette œuvre. A travers les lignes de cet ouvrage, l'on remarquera la richesse de la culture ainsi que le poids énorme du bagage intellectuel dont dispose l'écrivain.

Ayant toujours aimé le travail à l'image de son maître, ce travail est l'expression de lui-même et par le fait même de ce dernier. Il constitue un véritable appel au monde afin que s'opère une révolution positive du travail tant sur le plan du développement pour ceux qui ne travaillent pas encore que sur celui de la stabilité politique et de la paix. Cet aspect concerne, en outre, ceux qui ont déjà atteint un certain seuil considérable de

8

travail physique, mental, seulement le <<âmal>> leur manquant toujours, qui croient avoir fini de travailler puisqu'ils s'attèlent à d'autres travaux qui ne sauraient être qualifiés de travail et qui par surcroît empêchent ceux qui veulent vraiment travailler de se réaliser. Il importe donc qu'il ait des changements si l'on veut que règne un monde meilleur et ce désir tant voulu par tous, n'est possible et ne sera effectif que par le **TRAVAIL** ; le travail dans ses trois dimensions, physique, mental, <<âmal>> et aussi tel qu'il a été défini par l'auteur à l'encontre de tous les citoyens du monde entier.

Il serait cependant inconcevable de terminer la rédaction de ce travail introductif sans faire allusion à un aspect très important de ses écrits qui, mérite d'être relevé car constituant le point le plus saillant de cette réalisation remarquable : à ce niveau, toute une philosophie fut développée mettant ainsi en branle, une portion du système de pensée de plusieurs grands philosophes, penseurs ; je crois bien.

Chers lecteurs, continuez attentivement et terminez votre lecture si elle est déjà entreprise puis découvrez de quoi il est question à ce propos ; à condition bien sûr, que vous puissiez sentir rationnellement avec les yeux de votre esprit. Une chose est certaine, si l'auteur des **Méditations Métaphysiques**

10

et les siens par exemple fussent-ils encore…

<< Le philosophe de la terre>> : l'auteur fut ainsi surnommé par ses condisciples, quand il s'était mi en plein jour et avec une torche allumée, à chercher la terre. L'idée, c'était de rendre possible une philosophie de la terre. Dans ce cas, l'objet de la philosophie ne serait plus l'homme mais la terre. Ainsi, la philosophie cesserait peut-être d'être ce que le génie de Königsberg (Emmanuel Kant) considère comme<< un vaste champ de bataille où s'affrontent depuis toujours des doctrines inconciliables>>.

Martial T. K.N'TCHA KOUTOUCOU

Introduction :

Brève historique de la notion de travail.

Certaines civilisations du passé ont eu du mépris pour le travail. Par exemple, pour les grecs, travailler était synonyme d'aliénation de sa liberté. Ils considéraient le travail avec dédain. Cette vision du travail est partagée par la tradition judéo-chrétienne qui considère le travail comme une malédiction imposée par Dieu pour punir le péché d'Adam et Eve. De plus, elle considère le travail manuel comme une tâche morale d'où l'interdiction de travailler le dimanche, jour consacré au Seigneur.

En effet, pour comprendre ces attitudes de certaines civilisations du passé face au travail, il suffit de comprendre l'origine du mot même c'est-à-dire le mot travail.

Travail vient du mot latin tripalium qui désigne un instrument à trois pieds servant à immobiliser les animaux qu'on voulait ferrer. Ainsi considéré, le travail est lié à l'idée d'assujettissement pénible et de tourment. On l'assimile à une souffrance, une peine, une obligation puisque l'homme s'y soumet par nécessité. Donc, l'homme ne veut pas travailler. Le travail est alors réduit à la difficile production de nos moyens d'existence. Et bien, c'est ce qui justifie le dédain qu'ont certaines civilisations du passé face au travail.

Cependant, le travail est aussi vu comme un moyen de produire des biens individuellement et socialement utiles. C'est en travaillant que l'homme reste conforme à son essence. Puisqu'il a été créé à l'image de Dieu, il a l'obligation morale d'approfondir l'œuvre divine. Puisque Dieu a travaillé pour créer l'homme à son image, il serait naturellement anormal que l'homme refuse de travailler. L'être créé doit travailler pour se révéler être à l'image de son être créateur. C'est ainsi que le travail cessera d'être un châtiment pour devenir une activité providentielle par laquelle l'homme réalise son essence.

Plusieurs auteurs dans le passé ont perçu le travail

comme un moyen d'être socialement et individuellement libre. C'est le cas d'André Lalande pour qui : « Le travail est l'activité consciente et organisée de l'homme pour produire des biens et des services en vue de la satisfaction d'intérêts individuels et collectifs. ». Pour Karl Marx, le travail est l'apanage de l'homme et c'est pourquoi, il le conçoit comme « une activité spécifique, consciente et volontaire par laquelle l'homme met en mouvement les forces dont son corps est doué et assimile les matières en leur donnant une forme utile à la vie. ». Selon Victor Hugo, le travail est une joie. Dans sa fameuse poésie, le laboureur et ses enfants, La Fontaine parle du travail comme un trésor. Louis Pasteur, de son

16

côté, ira même jusqu'à dire : « Il me semble que je volerais si je passais une journée sans travailler. ». C'est dire donc que le travail apparaît pour lui comme un impératif moral. Pour Farge, le travail est une « chose élevée, digne et morale. ». Mounier, lui constate que l'homme en agissant sur la nature par le travail s'humanise et s'éduque lui-même. « Tout travail travaille à faire un homme en même temps qu'une chose. », avait-il dit. A travers la dialectique du maître et de l'esclave, Hegel avait montré que par le travail, l'homme arrive à avoir des liens avec la nature qu'il domine et qu'il maîtrise. L'esclave qui travaille pour son maître finit par prendre conscience de l'étendue de son pouvoir sur les êtres et sur les choses. Hegel explique cela par le fait que l'esclave tire sa liberté de son maître et, s'il cessait de travailler, il ferait retomber son maître dans la dépendance de ses besoins que celui-ci serait fort embarrassé de satisfaire. Donc, en fin de processus, l'esclave devient le maître dont on ne peut plus se passer.

Malgré son caractère difficile, l'homme doit travailler car c'est de la douleur du travail que l'homme tire des avantages réels. On dit souvent que la douleur est le moteur de la connaissance de soi. Souvenons-nous ici d'Alfred de Musset quand il affirmait que : « Rien ne nous rend si grand qu'une grande douleur. ». Il avait surtout dit : « L'homme est un apprenti, la douleur est son maître. Et nul ne se connaît tant qu'il n'a pas souffert. ».

C'est aussi et surtout le travail qui nous permet de subvenir à nos besoins vitaux. Il nous faut donc travailler pour éviter la misère en fuyant l'oisiveté car, dit on, elle est la mère de tous les vices. Au siècle des lumières, Voltaire a affirmé que le travail nous éloigne de trois grands maux : l'ennui, le vice et le besoin. Il est donc clair comme du cristal que pour une ribambelle d'auteurs dans le passé, le travail est une activité par laquelle l'homme s'objective, s'éduque et se réalise.

Mais le travail moderne offre des conditions d'un nouvel asservissement au point où, aujourd'hui, le facteur est perçu comme facteur d'aliénation. En effet, tout a changé dès le moment où l'artiste doit désormais définir la nature de ses réalisations à partir des points de vue de sa clientèle. C'est ainsi que tout l'art fut altéré et il s'agit bien là de la première idée d'aliénation du travail. La machine et la division du travail constituent aussi des aspects de cette aliénation. Dans cette optique, Bergson pensera que le machinisme a rompu l'équilibre de l'âme et du corps parce que notre âme est restée la même pendant que notre corps voyant sa puissance s'accroître, il lui fallu, selon lui, un supplément d'âme. A l'issue de ce processus de déshumanisation, l'homme ne se reconnaît plus comme tel, et on peut ici rejoindre Lequier en disant : le travail permet à l'homme de faire et en faisant se défaire.

Aujourd'hui donc, les conditions du travail immergent l'être humain dans une aliénation de plus en plus insoutenable pour lui.

Première partie

1- Origine du travail :

On a souvent expliqué l'origine du travail par l'explication de l'origine de l'homme. En effet, deux principales thèses qui se sont opposées naguère à propos de l'origine de l'homme sur la terre, ont expliqué l'origine du travail conformément à la nature de leur position. Il s'agit des thèses scientifique et biblique.

En effet, d'après la thèse biblique, l'homme n'est pas descendu du ciel. Il serait des entrailles de la terre et serait la production d'un dieu qui serait le créateur de tout l'univers. L'homme dès son apparition et étant physiquement tel qu'il est aujourd'hui, vivait de manière paradisiaque .Mais ce qui nous intéresse à propos de cette thèse, c'est qu'elle affirme que l'homme aurait commencé à travailler seulement après qu'il aurait refusé pour la première fois d'obéir aux ordres de son créateur : c'est dans le fameux mythe de la création. L'homme, pour avoir désobéi donc à son architecte, devrait à partir de cet instant se fatiguer tous les jours de sa vie pour pouvoir trouver de quoi survivre. Si l'on se situe dans la perspective biblique, le travail serait donc un châtiment imposé à l'homme pour avoir désobéi aux ordres de son créateur. Cette position manifestement de nature dogmatique est en parfaite opposition à celle scientifique.

En effet, la thèse scientiste développée par Darwin, soutient que l'homme depuis son apparition sur terre, a subi une lente évolution pour devenir l'homme actuel. Thèse indéniablement opposée à celle biblique ; thèse selon laquelle l'homme est apparu tel qu'il est aujourd'hui. Ce qui nous intéresse dans cette thèse, c'est qu'elle affirme que l'homme dès qu'il était primitif travaillait. Le primitif, pour subvenir à ses besoins, poursuivait le gibier, capturait les poissons, cueillait les fruits des arbres, se bâtissait des abris, défrichait le sol pour y semer des graines.

Selon cette thèse, l'homme n'aurait pas

commencé à travailler en raison d'une désobéissance. Le travail n'est pas une punition mais simplement le moyen par lequel l'homme peut subvenir à ses besoins.

Au demeurant, l'origine du travail se révèle indiscutablement confuse. Cette confusion à laquelle nous mènent les réponses à cette question se justifie par les réponses opposées qui ressortent de la discussion qui porte sur l'apparition de l'homme sur la terre.

Cette confusion n'a pourtant pas de raisons

véritables d'être puisque je pense que, quoi qu'on puisse affirmer à propos de l'origine de l'homme sur terre et par voie de conséquence sur celle du travail, on ne pourrait pas dire que l'origine du travail ce n'est pas l'homme. En effet, puisque c'est l'homme qui travaille alors l'origine du travail c'est l'homme lui-même. Et c'est pourquoi, je conclue que l'opposition entre thèse biblique et thèse scientifique sur cette question est sans doute sans véritable justification.

Le travail : bonheur pour l'humanité

Platon avait dit que « la philosophie est parce que l'homme est ». C'est aussi parce que l'homme est que le travail est. S'il n'y avait pas d'homme, il n'y aurait pas de travail et s'il n'y avait pas de travail, il n'y aurait pas d'homme.

Bien que cette position semble plus se rapprocher de la thèse scientifique que de la thèse biblique, elle ne l'embrasse pas tout de même car, ici, ce n'est pas parce que l'homme veut subvenir à ses besoins qu'il travaille mais c'est tout simplement parce qu'il est ce qu'il est c'est-à-dire homme. On pourrait m'objecter ici que l'homme avant de travailler doit se sentir dans le besoin. Je pourrais rétorquer par l'affirmation selon laquelle : le besoin est parce que l'homme est. Si donc le besoin est parce que l'homme est, logiquement, ce qui découle de ce besoin c'est-à-dire le travail est parce que l'homme est. L'homme est un être qui a toujours besoin. L'homme est besoin.

La thèse scientifique a oublié de dire que le travail est né quand l'homme est né. La naissance du travail c'est la naissance de l'homme puisque l'homme possède naturellement une raison et le rôle naturel de cette raison, c'est de penser. Or on ne pense pas sans travailler. Mais l'erreur de la thèse chrétienne est de dire que le travail serait une punition du créateur. Si le créateur avait vraiment puni l'homme pour lui avoir désobéi, je ne crois pas que ce serait en lui imposant le travail (car c'est une joie), mais en rendant ses conditions difficiles mais cela est à savoir. Mais

qu'est-ce que le travail ?

2- Qu'est-ce que le travail ?

L'origine du travail ainsi expliquée, il me revient à présent d'apporter une élucidation à propos de ce qu'est le travail.

Les physiciens le définiraient comme une dépense d'énergie physique. Il faut remarquer ici que les physiciens ne s'occupent que de leur domaine. En effet, la dépense d'énergie physique seule ne dit pas dans toute son authenticité ce qu'est le travail.

Le travail est aussi une dépense d'énergie âmale et une dépense d'énergie mentale. Il est dépense d'énergie âmale s'il est du domaine de l'âme et dépense d'énergie mentale s'il est du domaine de l'esprit (la différence entre âme et esprit est établi plus loin). Mais qu'est-ce qu'en réalité le travail physique et surtout le travail âmal et le travail mental dont je viens d'évoquer ?

Le travail physique, nous l'avons déjà dit, est défini par les physiciens comme une dépense d'énergie physique. Mais c'est surtout parce que ce type de travail vise le bien-être physique qu'il est un travail physique (c'est l'intention qui permet de qualifier un acte. Un acte est bon quand l'intention est bonne et un acte est mauvais quand l'intention est mauvaise). C'est aussi le cas du travail. Un travail est physique quand l'intention de celui qui travaille est son bien-être physique. Ainsi, Il est exécuté en vue de quelque chose de concret. Son but est objectif. C'est un en vue de concret. C'est une tendance vers ce qui est objectif. C'est pour quelque chose de sensible. Je travaille par exemple pour gagner de l'argent et m'acheter une maison, une voiture, un ordinateur. L'ouvrier qui transporte des matériaux ou l'homme qui soulève un poids pour gagner de l'argent : voilà quelques exemples de travaux physiques. Que pourrais-je dire alors de ce que signifie le travail âmal ? Son but est-il le même que celui du travail physique ? Est-il du même ordre que celui du travail physique ?

Le travail âmal est purement métaphysique. Si je prends l'exemple des chrétiens qui évangélisent parce qu'ils auraient reçu l'appel de leur maître le Christ, leur disant d'aller claironner l'évangile, je pourrais dire qu'ils travaillent itou. Il en est de même de toute personne qui proclame sa croyance religieuse. Le but du travail âmal est très particulier. C'est une tendance vers ce qui est subjectif, non sensible. Ce but c'est le bien-être des âmes. L'énergie utilisée est ici âmale. Dans le cas du christianisme, de l'hindouisme, du bouddhisme, de l'animisme comme dans toutes les autres croyances, c'est par la prière que l'on reçoit la force pour proclamer sa croyance. Cette force, c'est l'énergie âmale. La prière en tant que source d'énergie âmale, devient le fondement et le principe de la vie âmale. C'est aussi un en vue de métaphysique car l'énergie dépensée est métaphysique. De même qu'en se passant de l'énergie physique, l'homme ne peut exercer des tâches physiques, de même sans la prière, il ne peut mener une vie âmale dans toute son authenticité. Celui qui prie reçoit de l'énergie de celui qu'il prie. C'est cette énergie qu'il dépense dans les combats âmaux. Le combat âmal, c'est aussi d'une certaine manière le travail âmal. Que signifierait alors le travail mental ?

A propos du travail mental, je peux dire qu'il s'agit de la réflexion. Le travail mental est réflexif.

Quand je réfléchis, c'est alors que je travaille mentalement .Cet exercice mental, ce que j'appelle travail réflexif constitue une activité cérébrale, il s'effectue dans le cerveau. En effet, le cerveau serait un réservoir qui renfermerait toute l'énergie mentale. Le cerveau serait certainement le fondement de toute réflexion car un homme sans cerveau pourrait- il réfléchir ? Je crois que non. Le but de ce travail, c'est la formation de bonnes idées.

L 'énergie mentale, c'est aussi une énergie métaphysique par opposition à l'énergie physique. On peut dire donc que l'exercice mental est aussi une activité métaphysique. Le travail réflexif est au-delà du travail physique puisque l'énergie mentale ou métaphysique est au-delà de l'énergie physique. ANDRONICUS DE RHODES parlait de : *meta physica* , ce qui signifie : au delà de la physique.

Il ne faut cependant pas confondre la métaphysique du travail âmal avec celle du travail mental. Ce serait une grave erreur de parler d'une seule métaphysique. En effet, je

41

distingue la métaphysique intellectuelle, spirituelle ou mentale ainsi que la métaphysique âmale qui est d'ailleurs l'absolue métaphysique ; la métaphysique du domaine de la Métaphysique.

Ce qui veut dire que je distingue une troisième Métaphysique ; c'est celle qui regroupe la métaphysique âmale et la métaphysique réflexive.

Mais, quelle explication pourrais-je donner des trois domaines de la métaphysique ? La métaphysique mentale c'est la métaphysique du domaine des pensées ; du domaine de la philosophie ou encore de l'esprit. En effet, cette métaphysique bien qu'en dehors du corps a un rapport avec lui. Quand je dis que le travail mental est métaphysique, c'est pour signifier qu'en pensant l'on ne se détache pas entièrement du corps. La pensée est un intermédiaire entre le corporel et le âmal. La pensée est corpo-âmale.

La métaphysique âmale, quant à elle, est du

domaine de l'âme. Elle n'a absolument rien de corporel, c'est la métaphysique suprême et de l'absolu intelligible. La croyance en une divinité ne peut résulter de quelque chose de sensible, ce qui n'est pas le cas de la pensée .Croire, c'est sortir totalement du sensible alors que penser, c'est penser le sensible. On ne pense pas Dieu, on croit ou non en lui. La métaphysique âmale est difficilement plus accessible que la métaphysique mentale. Elle est donc méta-métaphysique par rapport à la métaphysique réflexive. Qu'en est- il alors de la troisième métaphysique ? C'est tout simplement un terme pour désigner l'association des deux autres métaphysiques. Après avoir expliqué mes trois domaines de la métaphysique, revenons maintenant à la question du travail.

Le travail âmal et le travail mental ont tous deux une caractéristique commune : leur but est abstrait. Alors que le travail physique, lui, a un but concret. Les deux premiers sont internes tandis que le troisième est externe. IL faut pourtant dire que le travail physique ne peut se faire sans un travail mental antérieur. D'ailleurs, c'est grâce au travail mental qu'on arrive à parler de travail physique et de travail âmal car pour travailler il faut d'abord penser et la pensée est en elle-même un travail.

Le travail physique, le travail mental et le travail âmal, constituent trois activités de l'homme qui doivent être rapportées aux trois dimensions qui constituent l'être humain. En effet, l'homme est un être tripartite. Il a un corps, un esprit et une âme. C'est dire donc que l'âme est tout autre chose que l'esprit. L'âme, c'est la partie surrationnelle de l'homme, l'esprit, c'est sa partie rationnelle alors que le corps, constitue sa partie irrationnelle. C'est l'esprit qui fait comprendre à l'homme qu'il a un corps et une âme (savoir qu'on a une âme, c'est savoir qu'on est). L'âme, c'est l'essence même de l'homme, c'est ce qui le fait être. C'est son être d'être. L'esprit, c'est ce qui lui donne la conscience de

47

son essence c'est-à-dire de son être d'être. Le corps, c'est la chose visible dans laquelle se trouve la chose invisible qu'est l'âme. C'est l'esprit qui pense et non l'âme. C'est une absurdité de confondre ces deux éléments. Il faut être un être qui est avant (avant logique et non temporel) d'être un être qui pense (il y a des êtres qui ne sont pas par exemple un homme qui a dix têtes). Etre un être qui pense, c'est exister car exister, c'est prendre conscience de son essence. Ce qui distingue donc l'homme de l'animal, ce n'est pas l'âme puisque l'animal l'a, encore moins le corps. Ce qui distingue l'homme de l'animal, c'est l'esprit. L'esprit, c'est la chose pensante, c'est elle qui a la possibilité de décider de l'état de l'âme et du corps. L'animal, lui, ne décide rien puisqu'il n'a pas d'esprit. Il est cependant car il a une âme ; son être d'être. Seul l'homme peut dire : je suis conscient de mon être, donc j'existe. L'animal, lui, ne peut rien dire car il n'a pas de chose pensante. L'animal, lui, n'existe pas mais est.

En effet, l'existence est une conscience spatiale et temporelle (idée développée plus clairement dans mon prochain ouvrage). Et c'est parce que l'animal n'a pas d'esprit qu'il ne travaille pas car c'est l'esprit (qui est aussi le mental) qui fait travailler l'âme et le corps. L'homme ne se distingue donc pas de l'animal par son âme mais par son esprit qui raisonne. L'âme, c'est ce qui fait de l'homme un mystère. En effet, l'homme n'arrive pas à se connaître puisqu'il a une dimension qui est au-delà de sa dimension de connaissance. Cette dimension, c'est l'âme surrationnelle. L'homme n'arrivera jamais à avoir une idée claire de l'existence de Dieu ou de sa liberté d'essence. Il ne pourra avoir que des opinions, des hypothèses puisqu'il s'agit là de questions surrationnelles. De même, il aura toujours des opinions sur l'être de l'animal. Certains disent que l'animal a une âme alors que d'autres soutiennent le contraire. Il y a cette polémique puisque l'homme ne connaît pas ce qu'est l'âme. Or l'âme, c'est l'être d'être de tout ce qui est. L'âme, c'est la chose qui ne pense pas mais qui est tout simplement. Ce problème de la constitution de l'homme est une question que j'examine dans mon prochain ouvrage de façon plus explicite. Maintenant, il est plus question du travail que de la constitution de l'homme.

On a souvent dit que le sport bien qu'étant une dépense d'énergie physique n'est pas un travail. Ce n'est qu'un dérivatif. Mais, je montrerai dans la suite de mon ouvrage que cette idée ne peut plus à l'heure actuelle se justifier pleinement. Et le mendiant, lui, travaille t- il ? Le mendiant, lui, ne travaille pas mais il implore. Et le voleur ? Le voleur ne travaille ni n'implore. Il vole le fruit du travail de ses semblables. Il acquiert sa subsistance par le biais de moyens illégaux et indignes d'un homme. Le voleur est un déstabilisateur et non un constructeur de la société car il ne travaille pas. Le travailleur est alors le constructeur de toute société.

Le concept travail est donc vaste. Il ne se limite pas à la dépense d'énergie physique car il est aussi dépense d'énergie mentale et dépense d 'énergie âmale. Mais quel rapport pouvons-nous établir concrètement entre l'homme et le travail ?

3- L'homme et le travail :

Que serait l'homme sans le travail ? Il ne serait rien. Le rien n'est pas quelque chose puisqu'il ne serait même pas. L'homme ne serait pas l'homme si le travail n'était pas dans le monde et le monde ne connaîtrait pas l'homme si celui-ci n'était pas fait pour le travail. L'homme est vraiment ce qu'il est que quand il travaille. L'homme se doit donc de travailler pour rester conforme à la nature de son être ; c'est-à-dire un être qui doit travailler. L'homme et le travail doivent constituer une unité.

C'est le travail qui affirme l'homme. C'est aussi lui qui humanise la nature.

Le voleur, le corrompu, le fraudeur et bien d'autres gens qui posent des actes illégaux et illégitimes, déshumanisent la nature et se déshumanisent eux-mêmes. Le vol, la corruption, le détournement sont des actes inhumains et radicalement opposés à la nature même de l'homme. L'homme est né pour travailler comme l'oiseau pour voler. Autrement dit, le travail est pour l'homme ce que la pensée est pour la philosophie.

Aussi, par le travail, l'homme divinise t-il la nature. Descartes avait dit que par le travail, l'homme devenait maître et possesseur de la nature. Le géant rationaliste avait raison mais il aurait pu dire aussi que par le travail l'homme devenait le dieu artificiel de la nature. C'est désormais l'homme qui pourra décider ou non de la nature de la nature par son travail. Le

DIEU naturel n'a qu'à observer les actions du dieu artificiel sur la nature.

Tout ce que je viens de dire montre bien que le travail est une spécificité humaine. En effet, seul l'homme travaille. L'animal, lui, ne travaille pas. Mais cela ne signifie pas que l'animal ne fait pas ce que l'homme fait quand il travaille ; ici physiquement. Il y a des animaux qui peuvent par exemples garder une maison, comme le chien, ou construire, comme l'oiseau qui construit son nid. Mais ces actes ne sont pas réfléchis et ne peuvent donc être des travaux. Il faut, tout de même, faire remarquer que la possibilité de l'animal d'avoir accès à ce que l'homme fait quand il travaille ; c'est- à- dire qu'il soit capable de faire ce que fait l'homme quand il travaille, n'est possible que pour le travail physique. L'homme et l'animal possèdent tous deux un physique et une âme mais seul l'homme possède un esprit et est intelligible. Et parce que l'animal n'a pas d'esprit, il ne peut avoir d'emprise sur son être d'être. Mais, il a cependant l'instinct qui lui permet d'activer inconsciemment son corps. En effet, seul l'esprit peut tenter d'avoir de l'influence sur l'âme. A présent, que pouvons-nous dire de l'importance du travail dans le temps ?

4- Le travail : A quoi a t-il servi dans le passé ? A quoi sert-il aujourd'hui ? A quoi servira t-il demain ?

Indéniablement, le travail des hommes est responsable des progrès et des prouesses jusqu'ici réalisés dans le monde bien que je puisse dire aussi que le malheur gouverne le bonheur et je n'exclue évidemment pas l'inspiration qui joue aussi un rôle de première importance. En effet, les avancées techniques, économiques, politiques, sociales et morales constituent sans doute des fruits joyeux du travail des hommes. L'histoire nous révèle quelques fruits remarquables du travail des hommes.

En 1970, on a assisté à la construction de la première voiture spatiale qui est d'une longueur de 3 ,10 M et d'une vitesse maximale de 16 KM par heure. Les plus grands ballons à air chaud du monde ont été construits pour la première fois de 1986 à 1987 avec une hauteur de 59M et un volume de 600000 mètres cube. De 1965 à 1967, le monde a connu aussi une grande construction : c'est la construction du premier avion supersonique qui a une puissance de 17230 KG de poussée et sa vitesse maximale est estimée importante. L'avion de la première traversée aérienne en solitaire a vu le jour en 1927. Il avait une longueur de 8 ,36M, une puissance de 237 CH et une vitesse estimée à 207 KM par heure. Le train le plus rapide du monde, le TGV ATLANTIQUE, fut construit de

1985 à 1986. Sa longueur est de la rame de 237, 60 M, sa puissance est de 12000 CH. Il a une vitesse maximale estimée à 515, 3 KM par heure et un poids de 472 TONNES. La locomotive à vapeur la plus rapide du monde à été réalisée en 1938 et est d'une longueur de 21, 65 M. 201 KM par heure est l'estimation de sa vitesse maximale alors que son poids est de 166 TONNES. L'ancêtre des lignes de métro inauguré en 1863 est d'une longueur de 6 KM. On voit indubitablement que le travail a permis d'innombrable progrès. C'est aussi le travail qui permit à CARNOT de prouver que la chaleur est une source d'énergie. Les anglais FARADAY et MAXWELL ainsi que l'allemand HERTZ ont réussi à démontrer qu'il existe des ondes magnétiques de même nature que la lumière. Par l'entremise du travail, RUTHER découvrit la structure de l'atome, alors que FRESNEL réussit à démontrer que la lumière est un phénomène vibratoire ayant une vitesse. L'allemand ROINTGEN découvrit les fameux rayons X qui servent à photographier l'intérieur du corps humain tandis que les français PIERRE et MARIE CURIE ainsi que BEEQUEREL ont découvert la radio activité. La classification des éléments chimiques a été faite grâce aux travaux de MENDELEEW alors que CHEVREUL réalisa l'analyse des corps gras.

On note aussi quelques découvertes importantes dans le domaine plus précis de la médecine. En effet, nous avons par exemples

LOUIS PASTEUR qui a découvert des microbes et a mis au point des vaccins pour lutter contre eux et KOCH qui a découvert le vaccin contre la tuberculose. On parle aussi de bacille de koch.

Les travaux physiques des NOIRS durant l'esclavage, bien qu'illégitimes, ont aidé certains pays à être aujourd'hui à un stade de développement impressionnant, je ne dis pourtant pas que c'est l'unique raison. Ce qu'on ne peut contester c'est que ces pays dont je vous parle, s'ils disposent à l'heure actuelle des bâtiments et qui sont des symboles nationaux, c'est en partie grâce aux travaux des esclaves.

Sur le plan politico-social on pourrait noter aussi des réalisations importantes dans le monde. Des conflits ont été éteints grâce aux actions de certains hommes. C'est le cas de quelques secrétaires généraux de l'ONU qui ont perpétuellement travaillé pour l'accalmie de certains conflits dans le monde.

L'histoire biblique nous révèle que le Christ, lors

de ses fameux 40 jours passés dans le désert, réussit dans un combat âmal à vaincre le diable. Elle nous enseigne aussi qu'il réussissait à chasser l'esprit malin de ceux qui étaient possédés. L'église nous révèle que des situations pareilles se sont reproduites après et se reproduisent toujours à travers les disciples du Christ et parfois même d'autres actions beaucoup plus extraordinaires comme la résurrection des morts. De plus, je voudrais dire que les attitudes de certains hommes religieux comme le pape JEAN PAUL deux, ont amené des hommes à revoir leurs manières de vivre. Je ne peux me permettre d'étaler tous les fruits du travail des hommes sinon je ne finirais pas même si je devais vivre éternellement pour le faire. Mais le monde a t-il toujours besoin du travail malgré les progrès importants déjà faits ?

Je crois que oui et c'est normal car le monde fait toujours face à des problèmes. Les maladies comme par exemples le sida et le paludisme, l'incontournable question de la misère dans les pays pauvres et même dans les nations riches et le phénomène du terrorisme constituent des problèmes réels du monde d'aujourd'hui. De plus, le monde ne pourrait jamais se passer du travail puisque, évidemment, l'homme aura toujours besoin de travailler puisqu'il est fait pour travailler comme le lion pour rugir. Ceci constitue sans doute la réponse à ma troisième question. Si le travail est une nécessité naturelle pour l'homme, demandant aussi de sa part beaucoup d'efforts, pouvant même être très douloureux pour lui, peut-on dire pour autant qu'il constitue une triste nécessité ?

5- Le travail est-il une nécessité triste ?

L'homme, comme je l'ai déjà dit, en tant que homme ne peut ne pas travailler. Le travail est donc pour lui une nécessité. Mais cette nécessité est-elle triste ?

Le travail exige souvent de l'homme une énergie colossale et même éléphantesque. Le travail durant, l'homme est appelé à déployer une bonne partie de son énergie ; qu'elle soit physique, mentale ou âmal afin d'atteindre le but espéré.

Ainsi, quand l'homme travaille, il lutte, pousse puisque des difficultés apparaissent. L'homme souffre même de son travail dans son travail. Il en arrive même à se perdre dans ses activités quand celles-ci deviennent de plus en plus insupportables. Dès lors, il commence à se chercher et cela l'enquiquine extrêmement. Une telle situation pourrait logiquement laisser croire que le travail est une nécessité triste. Mais le travail l'est-il vraiment ?

Le travail : bonheur pour l'humanité

Si pendant le travail, l'homme souffre parfois extrêmement, cela devrait lui faire espérer un avenir meilleur car la souffrance est la chose la plus moraliste que doit subir tout homme afin de se rendre capable de se connaître et pour pouvoir traverser sans grand découragement de sa part, toutes les difficultés de la vie. L'extraordinaire professeur de philosophie *ATTIGNON* FLAVIEN NESTOR COCOU aimait souvent faire comprendre à ses élèves que c'est au bout de la souffrance que se trouve le vrai bonheur. A l'instar de la nuit au bout de laquelle se situe le jour, le bonheur du travail se situe au bout de la difficulté vaincue. Le travail, loin d'être une triste nécessité, est plutôt une joie. Dans le « Manteau Impérial », VICTOR HUGO avait déjà parlé du caractère joyeux du travail.

Le travail nous procure la joie de la difficulté vaincue. En même temps qu'il nous confère le sentiment de notre puissance, il nous fait prendre conscience de notre utilité. C'est le travail qui nous permet de construire un avenir confortable, il nous permet aussi la construction de notre personnalité ainsi que son épanouissement. Par le travail, l'homme donne sens à sa vie.

Le technicien, le savant, le philosophe ou l'artiste connaissent l'ivresse de la découverte ou de la création. La tristesse du travail devient pour eux une joie ; joie perpétuellement renouvelée.

Ce qui importe surtout, c'est que l'homme ne

perde jamais de vue que le travail, même si à la longue il se révèle véritablement fastidieux, qu'il demeure tout de même une pratique glorifiant l'homme dans tout son être. Voici à présent quelques exemples qui montrent le caractère non triste du travail.

JESUS, qui d'après la chrétienté serait le fils de DIEU, avait certainement souffert véritablement lors de sa venue sur terre. Au cours de son travail âmal, il s'est trouvé parfois dans des difficultés inimaginables face au mal. Ses adversaires lui ont fait subir une vie déshumanisée. L'histoire biblique nous enseigne qu'il a été flagellé, couronné d'épines, traîné par terre, il a porté sur une longue distance une lourde croix et en fin de compte, il a été cloué sur une croix. De là, son âme disparue de son corps. Subissant tout cela, la bible nous révèle qu'il ne se désista point de sa mission. Je crois que cela s'explique par sa croyance au bonheur final et perpétuel. Il a compris qu'après avoir souffert, il devait rentrer dans la joie éternelle. Il ne s'était certainement pas trompé car l'Evangile nous enseigne que le troisième jour, son père lui a redonné la vie pour toujours. Sa mission culminera en sa naissance, sa mort physique et sa résurrection. Dans le Crèdo Catholique, nous lisons qu'après cela, il est monté aux cieux et s'est assis à la droite de son père tout puissant d'où il viendra juger les vivants et les morts. Mais, il faut ici la foi pour comprendre ce que je viens d'expliquer.

Le travail : bonheur pour l'humanité

Rousseau, philosophe français du siècle des lumières, est l'auteur d'un ouvrage qui est pour lui l'aboutissement et le fruit d'une réflexion longue : C'est <u>Du contrat Social</u>. En effet, la réalisation de cette œuvre a nécessitée des réflexions profondes de Rousseau. Pour pouvoir écrire <u>Du contrat social</u>, œuvre considérée aujourd'hui comme l'un des plus grands livres politiques, Rousseau a dû lire un certain nombre d'auteurs et cela pendant 20 ans. En effet, il s'est inspiré d'ouvrages tels La république de Platon, Ethique et Politique à Nicomaque d'Aristote, Le Prince de Machiavel. Il a aussi lu des auteurs tels les empiristes John Locke et David Hume, le sensualiste Etienne Bonnot De Condillac ainsi que les moralistes Sénèque, Epictète et Cicéron. Bref, il s'agit d'un dur labeur mental mais qui permit après au philosophe la réalisation d'un trésor de la philosophie politique.

Au demeurant, le travail ne peut être une nécessité triste. Ce qui pourrait être triste dans

Le travail : bonheur pour l'humanité

le travail, ce n'est pas le travail mais les conditions du travail or les conditions du travail ne sont pas le travail. Le travail, c'est la source indéniable de tout bonheur. Il est même en lui-même bonheur car en travaillant, l'on ressent de la joie du fait d'être capable de quelque chose.

6- Avantages et dangers du travail :

A partir des chapitres précédents, on pourrait dégager plusieurs avantages du travail. Mais les voici de façon un peu plus explicite.

Le travail, élément essentiel de la vie de l'homme, centralise celui-ci en ses profondeurs c'est-à-dire que par le travail, l'homme s'identifie à ce qu'il est profondément ; un être qui doit aimer le travail. Par le travail, l'homme se sent et en même temps sent qu'il n'est pas tout simplement mais qu'il existe aussi. Par voie de conséquence, je pourrai dire que c'est le travail qui fait que l'homme existe mais c'est aussi le travail qui fait exister l'homme. C'est le travail qui fait que l'homme existe puisque sans le travail, on ne parlerait pas d'homme et sans l'homme, on ne parlerait pas non plus de travail. J'avais déjà expliqué cela dans un chapitre précédant. Par contre, c'est le travail qui fait exister l'homme mais cette fois-ci dans son existence puisque c'est par le travail que l'homme arrive à se projeter chaque fois vers un avenir meilleur. Il cherche chaque fois à mieux exister. Le travail est donc avantageux pour l'être humain puisque c'est lui qui permet l'amélioration des conditions de sa vie sur tous les plans. C'est alors le travail qui confère à l'homme sa dignité d'être.

Le travail, en conférant à l'homme sa dignité d'être, le libère de la rêverie et du brouillard psychologique c'est-à-dire que l'homme quand il travaille, se débarrasse de ses imaginations imaginaires pour se concentrer sur ce qu'il fait. Le travail peut donc être source de concentration ; élément essentiel pour un bon travail. Il est alors condition d'une bonne réalisation puisque producteur de concentration. C'est par le travail que je peux arriver à mieux turbiner que d'habitude. Le travail détermine tout. Le travail conditionne le travail.

Le travail permet à l'homme de se libérer de ses ennuis, de ses chagrins, de ses vices. En effet, par le travail, l'homme peut éviter l'oisiveté, il peut se réjouir des bonnes performances de son travail surtout quand il souffre moralement.

Un autre avantage du travail, c'est qu'il permet la construction sociale. Il constitue l'antidote indispensable pour la guérison sociale. C'est le travail qui favorise l'organisation de toute société. Sans lui, pas de société. Une société qui manque par exemple d'infrastructures doit pour s'en procurer recourir au travail. Il incombe aux membres de cette société de réfléchir et de mettre en œuvre des procédures pour arriver à leurs fins. Pour prouver le caractère magnifique du travail dans la construction sociale, je propose comme exemples quelques sociétés qui en chute, se sont relevées après et ont pu construire leurs gloires grâce aux travaux de leurs membres.

Durant le second conflit mondial, une ville japonaise du nom d'Hiroshima fut quasiment détruite après qu'elle fut touchée par l'arme atomique. C'était la tragédie du 06 août 1945. Tout était détruit ou presque. Il ne restait que le nom de la ville. Les bâtiments avaient disparu mais surtout beaucoup d'hommes moururent. Une telle barbarie humaine a bien évidemment occasionné des épidémies et des maladies de tout genre. On notait des cas de naissance qui ne suivaient pas l'ordre naturel des choses. Cela s'observe encore aujourd'hui. Mais ce qui est important c'est que face à cela, les japonais ont su bien réagir. Ils se sont mis au travail afin de pouvoir remonter la pente. Oui, ils se sont mis au travail. Plusieurs projets ont été conçus et concrétisés. De nouveaux bâtiments ont été construits. En moins de 20 ans, cette ville était totalement reconstruite ou presque. Aujourd'hui, elle fait partie des plus grandes villes du pays. Le travail nous le voyons, redresse la société détruite, mais ici matériellement.

A l'instar de cette agglomération d'Hiroshima, Nagasaki, également une ville japonaise, fut touchée par l'arme nucléaire : C'était le 09 août de la même année. Elle est aujourd'hui une ville reconstruite et constitue un lieu important pour le Japon.

En Europe, je pourrais donner l'exemple de la ville de Paris qui, il y a une centaine d'années de cela, n'était pas aussi belle qu'aujourd'hui. Elle a, il faut tout de même le reconnaître, une beauté extraordinaire. Cela, c'est toujours grâce au travail. Béni soit donc le travail car il place la société en haut de ce qu'elle était !

De même, plusieurs autres agglomérations ont réussi à avoir une importance mondiale grâce au travail. Il s'agit par exemples de Londres en Grande- Bretagne, de Berlin en Allemagne, de Rome en Italie, de Madrid en Espagne, de New-York aux Etats-Unis, de Rio de Janeiro et de São Paulo au Brésil, de Buenos-Aires en Argentine, de Mexico au Mexique qui dans les années 1950 devenait la plus grande agglomération du pays. En poursuivant la liste, je pourrais citer itou des cités comme Pretoria en Afrique du Sud, Le Caire en Egypte, Rabat au Maroc, Tunis en Tunisie. Bref, la liste est éléphantesque.

Si donc le travail constitue le moyen de bâtir une société, c'est aussi lui qui répond aux besoins de l'individu. L'homme ne mange, ne se vêtir, ne se soigne et ne s'instruire que par le travail.

Quand l'individu turbine, il acquiert de bonnes possibilités de réaction face à ses difficultés. En travaillant, l'homme développe ses facultés et découvre qu'il est capable de beaucoup de choses et cela devient source de joie pour lui. Tout se dévoile et se met en possibilité de réaction. Ce sont de nouvelles forces qui naissent de l'individu travaillant et lui permettent de réaliser des tâches qui étaient naguère hors de sa portée. Alors, le travail est source de dépassement de soi.

Par le travail, l'homme se débarrasse de ses vieilles terreurs et affirme sa puissance en réduisant considérablement la pression des conditions extérieures sur son être. Les forces naturelles sont utilisées à son profit et l'homme sort glorieux dans le combat qu'il mène contre la nature. Le travail est donc créateur de valeur. Il favorise aussi l'épanouissement de l'individu dans tout son être à travers son intelligence, sa sensibilité et son activité. Mais quelle est l'importance du travail métaphysique dans le monde ?

Le monde du point de vue moral aujourd'hui est un monde pas possible. Il est quasiment fichu.

Le travail : bonheur pour l'humanité

Les massacres, les tortures, les viols, les vols et bien d'autres d'irrationalismes constituent le quotidien du monde actuel. Face à cette situation de plus en plus intenable et insupportable, il y a des sages qui prient pour la paix dans le monde car l'esprit du mal fait des dégâts énormes. Ces prières servent à éviter ou à limiter les actions des forces du mal. A l'instar de la vie qui ne constitue en rien un long fleuve tranquille, le travail a aussi ses inconvénients.

En effet, si l'on envisage davantage le gain ou la prime que procurent le travail, les avantages sociaux disparaissent. Un autre danger, c'est qu'on en arrive à considérer le travail comme une nécessité triste. Cela est source de découragement face à ses tâches. Enfin, le plus grand danger que pourrait présenter le travail, c'est de le prendre comme une passion exclusive. Le propre de la passion exclusive, c'est de se transformer en une préoccupation exclusive et rompant l'expansion de la personnalité d'une façon harmonieuse. Le travail doit toujours être accompagné de repos sinon il perd son sens. C'est le repos qui permet de mieux travailler après une tâche précédente. Le travail sans repos est semblable à une respiration sans inspiration.

7- Que devient aujourd'hui le sport ?

D'origine anglaise, le sport désignait primitivement quelques activités particulières comme des courses de chevaux, la chasse à courre.

Très tôt, il s'étend à toutes sortes d'activités qui sont semblables à des courses ou à des concours et qui ont un caractère physique. Le sport évolue donc.

Dès ce moment, l'activité physique doit être

distinguée en tant que fondement. Ainsi, la marche peut être un entraînement, un exercice hygiénique ou encore une promenade. Elle ne devient un sport que lorsque de nouvelles composantes entrent en jeu comme l'intensité de l'effort fourni, le combat dans l'intention d'obtenir un résultat, la rivalité avec un second.

La gymnastique et le sport sont deux notions très proches. Leur but est l'élément partagé : L'activité corporelle.

L'activité corporelle, généralement distinguée

de l'activité intellectuelle est portée d'une attention particulière. En France métropolitaine, on observe des sociétés de gymnastique et des sociétés sportives qui n'ont pas le même esprit. On peut alors admettre que toute gymnastique peut devenir une orientation vers la compétition comme une société sportive qui se donne pour but de faire sortir de ses rangs des personnes meilleures et des groupes combatifs dans une espèce d'activité comme le tennis, le hand-ball et le volley-ball.

L'éducation physique est le nom donné aujourd'hui à la gymnastique. Une évolution s'observe alors. La gymnastique et les sports s'organisent au sein d'une visée éducative physique qui prend place dans l'éducation générale. De très nombreux indices le montrent. L'éducation physique est maintenant dans les horaires scolaires, dans les épreuves d'aspects physiques imposées aux examens.

Une vue d'ensemble sur le sport est donc faite. Mais comme la vie est un bouleversement sans fin d'une même chose, il faut dès lors remarquer que le sport n'est plus aujourd'hui ce qu'il était. Il se présente aujourd'hui autrement.

Naguère, le sport était perçu comme un dérivatif mais à l'heure actuelle cela l'est de moins en moins. Hier, c'était un jeu. Aujourd'hui, c'est un enjeu. L'énergie dépensée par les sportifs n'est plus dans le simple but de se distraire, mais principalement, l'objectif, c'est le gain, la richesse, la puissance, la célébrité. Alors le sport est maintenant vu comme un moyen de gagner sa vie. Il devient donc un travail à part entière.

Pour de nombreuses nations aujourd'hui, le sport est un élément primordial car il pèse énormément dans leurs renommées sur le plan mondial. Le Brésil est surtout connu dans le monde grâce au sport et en particulier grâce au football. La seleçao a notamment remporté jusqu'à l'heure actuelle(2003) cinq titres de champion du monde : record mondial. Cela fait bien la renommée de la nation brésilienne au plan international. Le sport peut être maintenant source d'investissements considérables pour les nations. A cause de la valeur que prend aujourd'hui le sport, certains pays envoient dans d'autres des délégations afin de pouvoir convaincre les meilleurs sportifs de ces pays là de renoncer à travailler pour leurs pays et de se consacrer aux leurs afin de mieux gagner leur vie. Il s'agit de la naturalisation sauvage. La carrière sportive peut donc être aujourd'hui une visée pour bon nombre de gens. Quand on évoque les pays qui usent de la naturalisation pour l'expansion de leurs sports, on voit que l'exemple du Qatar est très illustratif. En effet, ce pays cherche actuellement à naturaliser de nombreux sportifs étrangers qui pourront gagner leur vie dans ce pays et surtout pour sa reconnaissance internationale.

Mais, on remarque que dans le sport, les occidentaux bénéficient d'une certaine avance sur les nations du tiers-monde. Et c'est pour contrecarrer les pays riches que certains gouvernements des nations pauvres tentent de remonter la pente ; ayant compris qu'aujourd'hui le sport constitue une véritable base de développement.

Au demeurant, il est clair comme de l'eau que le but du sport n'est absolument plus ce qu'il était lors de son apparition. Il se révèle aujourd'hui comme un véritable travail grâce auquel on peut gagner toute sa vie. Le domaine du travail s'élargit donc au fil des temps. Même s'il existe encore des personnes qui font du sport dans le seul but de se distraire, il faut tout de même reconnaître que leur nombre ne cesse de se restreindre progressivement.

Comme tout travail, le sport devient de plus en plus un moyen pour l'homme de vivre sa vie et il n'est pas impossible qu'il devienne le premier besoin de l'homme pour l'épanouissement de ses facultés. Mais si le sport tend à être une tâche physique, n'est-il pas aussi un moyen de bien travailler intellectuellement et âmalement ?

8- Le sport : l'antidote possible pour la bonne réalisation de ses tâches mentales et âmales:

Après avoir établi l'évolution dans le temps du sport, il me revient à présent de montrer sa valeur dans la réalisation du travail réflexif et du travail âmal.

Le travail intellectuel exige des efforts de la part de celui qui l'exerce. Et pour bien s'efforcer, il faut apprendre à s'efforcer. Cet effort est souvent recherché par des apprenants qui n'arrivent pas à s'en sortir intellectuellement. Or le sport peut bien être un moyen d'apprendre à s'efforcer. Dans ce cas, l'apprenant devrait le considérer comme un moyen de se donner du plaisir mais un plaisir qui exige quelques efforts. Pour donc s'efforcer à travailler en classe, l'apprenant doit s'habituer à des activités sportives comme la gymnastique ou le football. Ces petites activités sportives exigeront de lui des efforts supplémentaires. Il ne se contentera plus de faire ce qu'il sait faire mais il tentera de réaliser ce qui lui semblait impossible. On perçoit ici le goût de l'effort comme introduction d'une difficulté supplémentaire.

Cette envie de s'efforcer se répercutera sur toutes ses activités et principalement intellectuelles. Il ne se contentera pas de notes moyennes en classe mais il cherchera à tout prix l'excellence. Il s'obligera désormais à apprendre correctement ses cours et le plus rapidement possible. La paresse serait alors vaincue. Dès lors, l'effort se joint à un résultat qui sera une remarque impartiale de l'effort. Après avoir obtenu de bons résultats, l'apprenant intellectuel va acquérir une qualité importante : c'est l'émulation. Il deviendra émulatif c'est-à-dire qu'il cherchera à toujours mieux faire que ses condisciples. Et cela ne peut être pour lui que source de motivation perpétuelle dans l'accomplissement de ses tâches intellectuelles. Le sport peut alors être un remède pour se spolier de la paresse et pour bien travailler mentalement. Encore faut-il dire qu'une bonne réflexion exige une bonne présence à soi. Or le sport est aussi un biais pour obtenir la discipline de soi ainsi que la maîtrise de soi. Le sport favorise donc l'équilibre cérébral.

Sur le plan du travail âmal, le sport pourrait être un moyen de bien le faire. En effet, la rencontre avec Dieu en soi (pour ceux qui y croient) exige le silence car Dieu est présent en l'homme dans sa plus grande profondeur. C'est au fond de l'homme que se trouve Dieu pensait ATTIGNON COCOU FLAVIEN NESTOR. Pour l'écouter, il faut une présence à soi, une présence à sa présence.

Mais l'homme arrive difficilement à réaliser cette présence à soi en lui-même car il est influencé par les conditions extérieures. Or le sport est un bon moyen pour apprendre à se concentrer afin d'entrer au cœur de son intimité où se trouve Dieu lui-même. Le sport, je l'ai déjà dit, permet la discipline de soi. Si Dieu se trouve au fond de nous et que nous avons du mal à être présent à cette présence, le sport peut être dans ces conditions un remède car il est une école où l'on peut apprendre à se concentrer.

De plus, Dieu exige de l'homme l'abandon de certaines pratiques qui n'honorent pas son nom car cela est nécessaire pour mieux combattre les forces du mal. Et bien évidemment, le sport peut permettre de sortir de ses pratiques. Il favorise l'épanouissement de l'homme en le délivrant de ses loisirs malsains comme les loisirs du monde des buveurs et les loisirs du monde des prostitués. Cependant, tout cela n'est possible que si celui qui le désire fait le sport en étant bien conscient de son but. La conscience du vouloir être autrement est ici primordiale. Le sport peut alors permettre à l'homme de se débarrasser des actes qui le font régresser ou qui rendent infructueux son travail âmal. En faisant du sport, l'homme peut se détendre pour mieux servir Dieu.

Aussi, voudrais-je dire que pour une bonne vie intérieure avec Dieu, il est nécessaire d'avoir une bonne vie avec ses semblables. Le développement extérieur conditionne le développement intérieur. L'homme mène une vie âmale correcte quand il cultive les vertus comme la solidarité, la charité, la fraternité. Tout cela peut s'apprendre quand l'on fait du sport car cela permet de tisser des liens entre les personnes. En effet, par le sport, je peux rencontrer d'autres sportifs avec lesquels je peux devenir ami.

Il peut aussi arriver dans les combats âmaux que l'on perde la bataille. De là, le découragement peut surgir. Pour contrecarrer ce découragement, le sport pourrait être un moyen sûr. En effet, il peut apprendre à l'homme à perdre avec bonne humeur ; élément indispensable pour mieux combattre les forces du mal car ce qui fait la faiblesse de l'esprit du mal face à l'esprit du BIEN, c'est sa colère. C'est donc Dieu que j'appelle l'esprit du

BIEN. Dans la défaite sportive (il peut s'agir ici d'une carrière sportive), il peut naître le sentiment ardent de se perfectionner afin de mieux faire dans l'avenir. On apprend à tirer leçon des batailles perdues. On se montre courageux. Cela pourrait donc aider à se montrer plus fort après une défaite face aux forces du mal.

9- La carrière politique est-elle un travail comme les autres travaux ?

Avant de répondre à cette question, je voudrais, de prime abord, faire une origine de la politique comme j'ai procédé dans le chapitre précédent sur le sport.

En effet, la politique aurait une origine biblique. A partir des écritures bibliques, on pourrait arriver à mieux cerner l'origine de la politique. Mais cela se trouverait dans l'ante testamentum.

Le patriarche Abraham, personnage biblique extrêmement important, est considéré par les chrétiens comme le père des croyants. Et c'est à partir de lui que commencerait la politique proprement dite.

L'histoire d'Abraham se vit dans le concret et est donc politique. La Bible raconte que Yahvé se révèle à Abraham pour une mission précise. Cet appel vient de DIEU et est scellé par une alliance. En effet, le Seigneur, selon la Bible, dit à Abram: « Quitte ton pays, ta parenté et la maison de ton père(Déra) et va dans le pays où je te montrerai », Genèse 12.1-2. Abram quitte donc une terre pour une autre. Dans le chapitre 15 de la Genèse, le Seigneur conclu une alliance avec Abram: « A tes descendants, je donne ce pays, depuis le torrent d'Egypte jusqu'à l'Euphrate le grand fleuve ». Dieu donne donc un pays aux descendants d'Abram pour le diriger. Il est donc question de direction et de gestion. Voilà une première preuve qui montre que la politique aurait en fait une origine biblique car une terre se donne pour être dirigée par quelqu'un. La Genèse 18. 18 nous montre expressément qu'Abram est père de toutes les nations. En effet, dans ce verset on lit: « En toi sera bénis toutes les nations ».

On remarque à présent que DIEU lui-même, après avoir pris l'initiative de se constituer une nation, choisit son père et la nation choisie devient la référence de toutes les nations du monde car disait-il(Dieu) « en toi sera béni toutes les nations ».

Le contenu de l'alliance a un engagement politique. Dans la Genèse 15. 18, le Seigneur se déclare bouclier d'Abram. Plus loin, au chapitre 17. 4-6, Dieu dit à Abram « Voici à quoi je m'engage envers toi: tu deviendras l'ancêtre d'une foule de nations. On ne t'appellera plus Abram, mais Abraham, car je ferai de toi l'ancêtre d'une foule de nations. ». Cela est donc un signe visible qui montre le sens politique de l'alliance. Nos pouvoirs actuels proviendraient donc certainement d'une seule et unique source : l'alliance politique d'Abraham avec Dieu.

Dieu déclare aussi à Abraham : « Je vais la bénir et je te donnerai par elle un fils. Je la bénirai et elle deviendra l'ancêtre des nations entières. Il y aura des rois de divers peuples dans sa descendance. ». Dieu s'engage donc avec Abraham. Ce qui est promis à Abraham, c'est de gérer le pays. Cela révèle donc une dimension politique. Notons que dans la politique d'Abraham, on constate qu'il est rusé et fait preuve de justice et de droit.

A voir tout cela, on ne pourrait qu'affirmer que toutes les nations d'aujourd'hui proviennent toutes d'un même homme, d'une même organisation. Dieu serait en quelque sorte le vrai fondateur du pouvoir politique.

La politique au cours de l'histoire humaine a connu des traversées remarquables. Des guerres de conquêtes se sont produites entre des nations et une ribambelle de rois se sont proclamés ou ont été proclamés. Certains dirigeants après être venu au pouvoir ont abusé de la confiance des citoyens. Ils rejettent la loi et instaurent leurs propres lois c'est-à-dire les lois sauvages. Cela s'en suit évidemment d'une soumission totale de la population. Et dès que certains membres de la population tentent de se révolter en cherchant à destituer les dirigeants sauvages et archaïques, ils sont automatiquement soumis à une restriction sévère. Ils peuvent être soit torturés, soit tués par crémation, soit fusillés ou même mis dans l'acide. Tout ce que je suis en train de décrire là constitue la désacralisation de la politique. Regardez la plupart des dirigeants du monde d'aujourd'hui. Ce ne sont que des lions hautement sauvages. Le pouvoir est un moyen pour eux de créer la discorde, la division, la sauvagerie extrême, la barbarie redoutable, et tout cela pour mieux régner. Ils en arrivent surtout à croire que le pouvoir est un travail que n'importe qui peut exercer. Donc, ils l'exercent comme ils l'entendent. Ils se mettent à croire qu'ils sont aussi nés pour diriger et cela est pour eux le travail de leur vie alors qu'ils sont incapables de se diriger eux-mêmes. Leurs stratégies leur permettent de piller les ressources du territoire afin de remplir leurs poches. C'est de l'anormal psychologique qui les gêne. A la vue de ces tactiques de cochonneries, certains membres de la population vont aussi chercher à faire comme ces anormaux sociaux. Ainsi, va naître en eux l'idée de vouloir diriger un jour afin de remplir leurs poches. D'ailleurs, beaucoup de jeunes à l'heure actuelle rêvent de devenir président ou un grand dirigeant demain. En effet, ils se mettent à croire que la direction de la cité est leur travail de demain. Cette idée fait naître en eux la détermination à vouloir régner coût que coût même s'il va falloir tuer. Et c'est alors que naît la haine entre les citoyens et cela peut déboucher à une guerre civile.

Tout ce que je viens de décrire n'est engendré

que par une seule idée : c'est l'idée de croire que la politique est un travail comme tout autre travail. Non, la politique n'est pas un travail comme les autres car tout homme n'est pas capable de diriger. En effet, tous les autres travaux sont exerçables par qui le veut et se met au travail. Tout le monde est capable de faire n'importe quel travail mais la capacité de diriger n'est pas accessible à tout le monde. Si je suis paysan et que je décide un jour d'être médecin alors il suffit de se mettre au travail pour le devenir mais si, par contre, je décide d'être dirigeant politique, je ne le peux que lorsque j'en ai le don et si je n'ai pas le don et que je le deviens alors là, je serai un frein au développement. La capacité de faire de la politique n'est pas donnée à tout le monde. Donc, si tout homme peut exercer le travail qu'il désire, il n'en est pas de même de la politique. La possibilité de faire de la politique est une particularité. Ne peut faire de la politique que celui qui a le don de la politique. La possibilité de diriger est un don pas donné à tout le monde. Dans toute société humaine normale, il y a trois catégories de personnes : on a les vrais dirigeants, les potentiels dirigeants et les éternels dirigés.

Les vrais dirigeants, ce sont ceux qui se trouvent à la tête de leurs sociétés et qui sont à même d'inviter les membres de leurs sociétés à s'unir et surtout à cultiver entres eux la paix, la joie, la solidarité, la fraternité, la compassion, la charité, l'entraide mutuelle, l'amour et qui instaurent vraiment un climat qui permet cette culture (Nelson Mandela). Les vrais dirigeants se sont aussi ceux qui ne cherchent pas à asservir les voisins de leurs territoires ou d'autres territoires dans le but de détruire pour mieux régner. Ce sont ceux qui respectent la législation de leurs territoires et qui contribuent véritablement à l'instauration de la paix dans le monde. Mais, malheureusement, la plus part des dirigeants du monde actuels sont de faux dirigeants.

Les potentiels dirigeants, ce sont ceux là qui ont en eux le don de diriger et qui ne le font pas encore. Ce sont les personnes qui ont la capacité d'être rigoureuses dans leurs principes et qui dès leur bas âge cherchent perpétuellement à créer dans leur entourage un climat de paix et de solidarité. On ne dirige pas pour diviser mais pour unir. Quand Dieu confia son peuple à Abraham, ce n'était certainement pour le diviser mais pour unir ses membres. Mais dommage ! Car quasiment tout le monde aujourd'hui se croit capable de diriger

Les éternels dirigés, par contre, ce sont ceux là qui n'ont pas le don de diriger et qui arrivés au pouvoir ne peuvent unir le peuple. Ce sont aussi eux qui sont sources de conflit entre les hommes (Hitler). Mais dommage ! Car la majorité des dirigeants d'aujourd'hui ne sont en réalité que des éternels dirigés. Les vrais dirigeants sont devenus de faux dirigés et les vrais dirigés sont devenus de faux dirigeants. Autrement dit, le monde marche sur la tête.

10- Comment un nouveau travail se peut-il faire pour être mieux réussi que les précédents ?

Chaque chose à ses lois, pensait Montesquieu. Et c'est pour cela que je vous propose ici quelques lois (mais qui ne sont pas des lois absolues) qui pourraient vous aider à mieux aborder et achever un nouveau travail.

En effet, le nouveau travail avant sa réalisation exige une attitude, un comportement sa réalisation durant et une réaction à son terme.

Ainsi, pour débuter une nouvelle tâche après une autre pas très bien réussi, il faut faire une analyse antérieure c'est-à-dire une analyse de tout ce qui s'était déjà fait en tirant les conséquences et cela permettrait de savoir comment se comporter dans le prochain travail. Toutes les difficultés des travaux précédents doivent être prises en compte car ce qui est décisif ici, ce ne sont pas les circonstances du passé mais l'emploi qu'on en fait. Il faut et il suffit de dégager de ce qui précède la nature de ce qui suit. Le futur se construit par réflexion sur le passé. C'est donc une analyse antérieure bien faite qui va servir de fondement à un nouveau travail. Cela peut être la condition pour qu'une tâche soit une œuvre réussie ou même une prouesse.

Après une telle analyse et après avoir entamé ce qu'on a à faire, il faut maintenant se centraliser complètement en étant présent à la présence du moment c'est-à-dire à sa tâche.

Etre complètement présent signifie que tu es dans tout ton être donné à la tâche du moment. Toutes tes forces y sont rassemblées. Tu deviens un être unifié en dirigeant toute ton attention sur la tâche du moment et sur cette seule tâche. La dispersion psychologique n'est plus de mise. Cette présence à la présence du moment a le pouvoir extraordinaire de rétablir l'unité intérieure et même de susciter des ressources jusqu'ici insoupçonnées. La densité de l'attention resurgie des forces nouvelles, des couches plus profondes de soi-même participe désormais de son travail.

A se concentrer sur le travail de maintenant, on se sent près de son travail car on travaille du plus profond de son être.

Cependant, la distance ne peut être exclue par une présence totale. Prendre du recul caractérise aussi une manière d'être de l'homme. Sans distance, pas de liberté. Etre entièrement en présence de la présence de ce que l'on fait ne signifie pas qu'on est jeté sur son travail en se laissant dévorer par lui. Non, il ne s'agit pas de cela. Cette distance est un respect à nous-mêmes. Prendre une distance bien ordonnée permet aussi de pouvoir quitter son travail à tout moment. On n'y est pas en prison, on n'en est pas poursuivi. De même que le début a été bien marqué, de même la fin serait bonne.

On ne se s'embarrasse pas à des suites qui trottent dans la tête ou reviennent dans les rêves. Il faut donc être totalement investi dans ce que l'on fait, si entier dans son travail qu'il ne restera plus aucune trace dans l'inconscient qui cherchera à remonter à la surface. Et donc, si entièrement dans son travail, il ne se trouve en soi rien de refoulé, aucune frustration et donc rien non plus qui puisse brouiller notre travail. Il est vrai que beaucoup de personnes sont en dehors de cette présence à soi. Mais chaque progrès de cette présence à soi entraîne une augmentation de joie et d'amour à poursuivre son travail.

Il faut être détendu et non tendu pendant le travail. D'ailleurs une bonne présence à soi est presque toujours accompagnée de décontraction. La détente physique est souvent une conséquence de la présence à soi au plan psychique. Durant le travail, l'homme a besoin d'être sans tension en même temps qu'il est dans une attention à soi. Si on se tend pour s'efforcer de faire attention on est là devant une contradiction interne. On pense que la présence à soi sera plus vive parce qu'on se tend alors que la tension empêche l'attention. Se tendre, c'est ne plus faire attention. Faire attention, c'est ne pas être tendu. La tension et l'attention me paraissent incompatibles, il faut opter. La tension coupe la communication avec nos couches plus profondes. La part la plus importante de l'homme est absente pendant le travail quand il se tend en essayant de faire attention. L'action n'a aucun contact avec la source et se trouve de moins en moins fructueuse. Il manque là une bonne inspiration.

146

La distance manque aussi. Cette distance par rapport à ce qu'on fait vient précisément de ce que les couches profondes sont engagées, du fait que le travail découle du centre profond de l'âme et de ce que le contact avec son centre est maintenu tout au long de l'action grâce à cette communication avec le centre née d'un équilibre parfait entre le mouvement vers l'extérieur et la présence à soi qui distingue l'homme de l'animal.

Pour donc bien réaliser une nouvelle tâche, on

peut concrétiser tout ce que je viens d'expliquer. Il ne faut également pas faire du travail un passé ou un futur puisqu'il faut le vivre comme un moment présent. Ainsi, il sera une aventure merveilleuse.

C'est peut-être une explication longue que je suis en train de faire, mais la pratique est courte. Il suffit de s'y mettre.

En fin de travail, il faut penser faire un bilan de tout ce qui a été fait. Cela s'avère important pour travailler de nouveau. Cela rejoint en quelque sorte la première attitude.

Respecter ces directives, pourrait faire du travail une réussite et parfois même une prouesse.

Deuxième partie

11- Citoyens d'Asie et d'Océanie : Vous êtes des espoirs du monde :

Citoyens d'Asie et d'Océanie, vous qui êtes de merveilleuses créatures, soyez une valeur utile pour le monde, soyez ceux dont le monde a aussi besoin. Que vos visages rayonnent de justice, de solidarité, de fraternité, de charité et de paix.

Citoyens d'Asie et d'Océanie, c'est votre devoir

d'œuvrer pour la paix dans le monde. Oui, travaillez sans cesse pour la paix dans le monde. Travailler sans cesse pour la paix dans le monde, cela commence par œuvrer pour la paix autour de soi. Œuvrer pour la paix autour de soi, c'est savoir accepter les manières de penser de ses frères.

Citoyens d'Asie et d'Océanie, le monde n'est pas si loin de vous mais tout près de vous, il l'est. Il suffit donc de cultiver autour de vous l'amour pour pouvoir être des artisans de la paix dans le monde. Etre un artisan de la paix dans le monde, c'est une charité bien ordonnée qui commence par soi-même. Travaillez pour un monde juste et beau.

Citoyens d'Asie et d'Océanie, ne soyez pas des ennemis du travail car c'est lui qui vous donnera la force de toujours faire prospérer vos nations, vos continents et surtout votre monde. Et, sachez que le vrai progrès est celui qui se construit dans l'entente sinon il se révèle après éphémère. Quand vous travaillez faites-le, oui pour vos nations, oui pour vos continents mais surtout oui pour la construction d'un monde meilleur.

Citoyens d'Asie et d'Océanie, que les buts de vos travaux ne soient pas uniquement le bonheur de vos pays ou de vos continents mais qu'ils soient aussi celui des autres nations du monde. Œuvrer pour faire du monde de demain un lieu de joie et de justice, c'est aussi votre devoir.

Citoyens d'Asie et d'Océanie, que les produits

de vos travaux puissent être un secours pour ceux qui meurent de fin et de soif aussi bien en Asie, en Océanie mais aussi en Afrique, en Europe et en Amérique. Travaillez pour la paix au Proche-Orient, au Moyen-Orient, en Afrique et dans tout le monde entier.

Citoyens d'Asie et d'Océanie, que vos formations scolaires puissent produire des personnes capables de dire aux gens de la terre toute entière : la guerre détruit l'homme, désacralise la nature humaine et fait confondre l'homme avec l'animal. La guerre régresse l'homme, le débarrasse de ses richesses naturelles et aussi artificielles en le faisant posséder le mal. Oh ! Cessez de tuer, cessez, cessez de piller, cessez de corrompre, cessez de diviser. Venez, vous tous, au monde de paix que vous aviez laissé et travaillez pour faire du monde un paradis et non un enfer. Cultivez l'amour.

Citoyens d'Asie et d'Océanie, vous qui êtes capables d'être des sources de conseils pour vos enfants, faites-le en les encourageant toujours à travailler mais tout en leur faisant comprendre que tout travail a pour but final la culture de la paix, de la justice, de la fraternité et de l'amour et non l'affirmation de soi. Apprenez-leur à savoir mettre en place des structures qui empêchent la guerre, des structures qui auront comme fondement l'amour.

Citoyens d'Asie et d'Océanie, que l'éducation de vos enfants leur apprenne à être des hommes. Etre un homme, c'est savoir partager le fruit de son travail avec ses frères et sachez que tout homme est pour tout homme un frère. Ainsi, vous verrez qu'ils seront des valeurs utiles pour l'Asie, l'Océanie et pour le monde car être utile c'est surtout savoir partager.

Citoyens d'Asie et d'Océanie que vos travaux ne constituent pas pour vous un moyen d'asservissement des autres mais des instruments qui doivent avoir pour fonction de les libérer de leur pauvreté et même de leur haine pour le travail et c'est alors que vous deviendrez vraiment à l'image de Dieu car Dieu n'est rien d'autre qu'Amour.

12- Citoyen d'Amérique : Apprends à travailler pour le bonheur de l'humanité :

Citoyen d'Amérique, sache qu'une vie ne se vit réellement que dans un élan d'amour pour les autres. Sache qu'une vie n'a vraiment son sens que lorsqu'elle se donne aux autres. Vivre, c'est se sacrifier. Sache donc, que la récolte de ton travail ne doit pas être pour ton seul bonheur mais aussi pour le bonheur de l'humanité.

Citoyen d'Amérique, que ton travail ne constitue

160

guère un danger pour le monde, que ta détermination à inventer ne te mène point à l'invention d'outils inutiles pour le monde actuel. Aujourd'hui, il y a des hommes qui meurent de fin et de soif puisqu'ils ont tout perdu dans la guerre. Pense surtout à eux quand tu travailles. Citoyen d'Amérique, évite de vouloir par ton travail diviser les autres pour mieux régner. Le vrai bonheur ne se trouve pas là. Il se trouve dans le vouloir unir et non dans le vouloir diviser.

161

Citoyen d'Amérique, que l'éducation de tes enfants puisse les conduire à de bonnes pratiques en les amenant à aimer le travail plus le partage. C'est ainsi qu'ils deviendront plus tard des hommes libres car être libre c'est aussi savoir partager. Celui qui ne partage pas devient esclave de sa possession.

13- Citoyen d'Afrique : Réveille-toi car tu dors :

Citoyen d'Afrique, cadeau du ciel pour l'Afrique et pour le monde, toi que le ciel a béni, toi qui peut être la source d'un avenir meilleur et l'espoir de tous ceux qui désespèrent, réveille-toi enfin.

Citoyen d'Afrique, tu dors car tu n'as pas encore compris que le développement véritable ne s'obtient que dans un travail dans l'union.

Ton continent ne sera jamais heureux dans la division.

Citoyen d'Afrique, cultive autour de toi la solidarité, la fraternité, le partage, l'humilité, la justice et la paix. Evite de tomber dans les pièges de ceux qui cherchent à diviser ton continent pour mieux régner, évite d'accepter de tuer tes frères pour ton seul profit car cela ne t'apportera pas le bonheur. Ce qui t'apportera le bonheur, c'est le travail dans l'union.

Le travail : bonheur pour l'humanité

Citoyen d'Afrique, cherche plutôt à travailler que de détourner, voler et piller car le vol et le pillage te noient dans la mer comme les vertus se perdent dans l'intérêt.

Citoyen d'Afrique, sache que tu es aussi capable par ton travail grâce à l'ingéniosité et à l'obstination, de repousser inlassablement, et au mépris du danger, les limites de la connaissance humaine que ce soit sur terre, sur mer ou dans l'espace. Mais, que cela puisse être vraiment utile pour ton continent et pour le monde.

Citoyen d'Afrique, désire le travail pour réaliser ce que tu désires mais ce que tu désires doit forcément être le bonheur non seulement de ton continent mais aussi du monde.

Citoyen d'Afrique, rejette la paresse, la prostitution, la méchanceté, le banditisme, alors tu seras heureux quand tu travailles. Réveille-toi et sois un amoureux du travail. Reprends goût au travail et que tes actions soient réalistes.

Le travail : bonheur pour l'humanité

Citoyen d'Afrique, ton bonheur et le vrai bonheur de l'humanité sont dans le combat perpétuel. Tu dois te battre dans la concurrence universelle qui procure le bien commun. Ainsi, tu verras se réaliser tes désirs.

Citoyen d'Afrique, que tes enfants soient pour l'Afrique et pour le monde d'aujourd'hui et de demain des valeurs sûres en étant combatifs et en cultivant surtout l'amour car sans eux point d'espérance. Pour cela, tu as l'obligation de les éduquer.

Citoyen d'Afrique, sois pour tes frères qui travaillent un soutien et non un bourreau, soit pour eux une source d'encouragement quand ils désespèrent.

Citoyen d'Afrique, si tu es capable de sensibiliser, ne lésine pas à le faire. Oui, sensibilise la jeunesse africaine au travail, essaye de la mettre dans la joie du travail et non dans celle de la drogue ou de l'alcool.

Citoyen d'Afrique, tu es l'espoir d'une Afrique et d'un monde qui pleurent.

14- Citoyen d'Europe : Travaille à être utile pour ton continent et pour l'humanité :

Citoyen d'Europe, travaille aussi pour le bonheur de ton continent et de celui de l'humanité car il n'y a de bonheur que lorsqu'il est planétaire.

Citoyen d'Europe, à l'image des anciens qui se sont montrés curieux du monde inconnu qui les entourait, nourrissant la conviction qu'au-delà de l'horizon la vie est plus facile, le soleil plus chaud et la terre plus fertile, sois combatif.

Citoyen d'Europe, évite d'être en travaillant mortel pour tes frères dans le monde, évite de rechercher ton seul bonheur par ton travail. Sinon, tu failliras et la nature te punira. Ne cherche pas à ressembler à certains de tes prédécesseurs qui ont détruit la dignité d'autres hommes.

Ne fais pas de certaines régions du monde des lieux sans aucune valeur et cherche surtout à respecter la dignité de tout homme quelles que

170

soient ses langues, sa religion, sa culture et sa classe sociale. Ainsi, tu grandiras.

Citoyen d'Europe, en apprenant à tes enfants dès leur plus jeune âge à aimer le travail car c'est lui qui est le chemin du bonheur, fais leur en même temps comprendre qu'une bonne œuvre ne peut se faire sans respect de la dignité humaine, sans humilité dans le travail et sans penser aux pauvres de son continent mais aussi d'Afrique, d'Asie, d'Amérique et d'Océanie.

Citoyen d'Europe, enseigne à ta descendance comment haïr les ambitions démesurées dans le travail et sois pour elle source de moral. C'est alors qu'ils pourront devenir de vrais trésors vivants de la nation.

15- Citoyens du monde entier : Rejetez les travaux inconfortables pour l'homme :

Citoyens d'Afrique, récupérer des enfants dans des familles pour en faire des ménagers dans vos maisons est un crime. Citoyens d'Afrique, obliger les enfants, ceux qu'on appelle communément «vido min gon » dans la société béninoise, à travailler, c'est les empêcher de vivre puisque ainsi ils ne sont plus libres.

Citoyens d'Afrique, évitez de faire souffrir les

espoirs de demain, laissez les vivre confortablement.

Citoyens d'Afrique, sachez que soumettre les enfants à de durs travaux, c'est les empêcher de grandir dans la réflexion car ils ne peuvent se dépasser ainsi puisque en crainte perpétuelle. En effet, c'est la réflexion d'un homme qui détermine son devenir et la crainte compromet sérieusement son avenir.

Citoyens d'Afrique, les enfants soumis à de durs travaux dans les plantations sont incapables d'être plus tard des hommes socialement utiles puisqu'ils n'auront reçu aucune véritable éducation. S'ils grandissent, ils peuvent devenir des cas sociaux. Ce qui ne favoriserait pas le progrès social. Une société grisée par l'abus de l'alcool, de la drogue est une société malade. Citoyens d'Afrique, libérez-vous de tout ce qui déshonore votre continent, cessez de honnir le nom de l'Afrique, cessez d'exploiter illicitement vos enfants, détournez-vous du terrorisme familial. Cela détruit l'humanité.

Citoyens d'Europe, cessez d'encourager par quelque manière que ce soit les travaux forcés. Cessez d'allumer le feu et de jouer les pompiers juridiques.

Citoyens d'Asie, d'Océanie, d'Amérique, luttez contre l'exploitation des enfants dans le monde.

16- Terroriste : Travaille plutôt que de tuer :

Terroriste, il est vrai que tu te sens dominé par des gens qui cherchent leurs profits à travers ton pétrole et tes ressources, il est vrai que ta religion est souvent critiquée et qualifiée même de diabolique et il est vrai que tu en es choqué et pour cela tu te révoltes. Tu as raison d'en être choqué mais tu as tort de tuer des innocents. Je t'invite donc à la sagesse et au calme. Terroriste, cesse de vouloir terroriser des innocents, cesse de vouloir porter des bombes pour assassiner car si tu fais ça, tu t'éloignes du bien. Ce n'est pas le fait de tuer qui apportera le bonheur à ta nation mais c'est seulement et uniquement le travail. Et travailler n'est pas tuer. Terroriste, sache que tous ceux qui te disent de tuer pour obtenir le bonheur éternel sont des menteurs, ce sont de véritables ignorants. Ils te disent que tu seras un héros céleste si tu acceptes d'être un kamikaze, ils te disent que pour défendre la nation, il faut éliminer les ennemis de la nation et ils te disent que c'est comme cela qu'on défend sa nation. Alors, tu prends tout ton temps à les écouter et à les suivre. Mais, sache que tout cela est faux. Ils te noient dans l'abîme. Le seul moyen de défendre sa nation, c'est de travailler pour sa nation et non de tuer pour sa nation. De plus, si tu penses tuer pour aller au paradis sache, dès à présent, que c'est le diable qui t'accueillera quand tu mourras et non Dieu. Et si tu penses tuer ici sur terre pour pouvoir être heureux dans un monde que tu ne vois pas, sache qu'il s'agit d'une véritable illusion de ta part car c'est la vie sur terre qui détermine celle du ciel, s'il y en a. L'esprit du Bien ne nous demanderait jamais de tuer pour défendre sa nation mais il nous demanderait plutôt de travailler.

Terroriste, ce n'est donc pas d'un travail rendu à sa nation qu'il s'agit quand tu prends ton temps à fabriquer puis à poser les bombes mais c'est un travail rendu à l'esprit du mal.

17- Hommes politiques du monde entier : la sagesse dirige mieux le sage que dix empereurs un empire :

Homme politique du tiers-monde, si tu n'es pas capable d'être un moteur de développement, si tu n'es pas capable de travailler pour le bonheur de ton continent et de celui du monde, je t'invite à avoir la sagesse de pouvoir démissionner.

Homme politique du tiers-monde, au lieu de

passer ton temps à corrompre, à détourner les fonds de l'Etat, pense plutôt à vraiment travailler. Si tu te vois incapable de le faire, démissionne.

Homme politique du tiers-monde, cesse de te servir illégalement des ressources te ton pays pour répondre à tes besoins car tu accentue ainsi la misère de la population.

Homme politique du tiers-monde, démissionne si tu es incapable de travailler en innovant ou en créant du nouveau pour ta patrie,

182

démissionne si tu es incapable d'enrayer le chômage de la population, la corruption, les conflits sociaux etc....

Homme politique du tiers-monde, renonce à ta mission politique si elle ne favorise pas l'éradication des fraudes, de la pauvreté et de la misère.

Homme politique du tiers-monde, toi qui dérobes les aides internationales apportées aux populations souffrantes, toi qui abuses de la confiance des citoyens, arrête ou démissionne et laisse la place à celui qui est capable de diriger bien.

Homme politique du tiers-monde, si à cause de toi la population se divise, démissionne. Prouve que tu as une intelligence et une conscience. Etre conscient, c'est bien agir.

Homme politique du tiers-monde, on ne devient pas un grand homme en restant 10 ans, 20 ans, 30 ans ou même un siècle au pouvoir mais c'est par service rendu à la nation ou au monde. Etre un grand homme, ce n'est point être reconnu dans le monde mais c'est savoir unir.

Homme politique du tiers-monde, toi donc qui as déjà passé des années au pouvoir et qui continues de voir face à toi une population souffrante, sache qu'il faut démissionner car tu n'as pas la possibilité de gouverner.

 Homme politique occidental, sois humble et cesse de faire du résultat de tes travaux une terreur pour le monde.

Homme politique occidental, tu te crois diriger

une nation puissante en favorisant des découvertes scientifiques et techniques alors qu'elles constituent un crime contre la nature humaine. Sache que c'est un blasphème contre la nature d'encourager le clonage humain, l'euthanasie ou l'eugénisme, de permettre des couples d'un même sexe ou encore de légaliser leur droit à pouvoir adopter des enfants etc.

Homme politique occidental, tu seras un homme sage quand tu cesseras d'envahir les territoires réservés à d'autres et de souiller des

186

temples religieux ou des livres religieux.

Homme politique occidental, si ta mission politique est un moyen pour diviser les autres pays du monde afin de mieux régner, alors sache que tu es un faux dirigeant et que tu dois démissionner. Si tu ne le fais pas alors tu es aussi un partisan de la guerre dans le monde.

Homme politique occidental, si tu veux être un bon dirigeant, évite de construire ton bonheur en faisant le malheur des autres car c'est dans la justice que se trouve le vrai bonheur c'est-à-dire le bonheur qui dure toujours. Gouverner, c'est diriger sans injustice. Qui gouverne dans l'injustice pratique de la gouvernance sauvage. Cesse donc de provoquer des guerres dans les pays du tiers- monde et de venir jouer après le négociateur. Car comme cela, tu ne bénis pas ton pays mais sans le savoir, tu le maudis car plus tard des malheurs s'abattront sur lui.

Homme politique occidental, travaille pour vraiment ramener la paix dans le monde, ainsi tu feras de ton pays une nation modèle et prospère. Travaille pour faire progresser et non faire régresser. Si tu te vois incapable, démissionne sinon des malheurs s'abattront sur toi et sur toute ta famille. C'est du terrorisme politique que tu fais quand tu crées par ta diplomatie la division entre les nations.

Homme politique occidental, que ta diplomatie soit un moyen de rétablir ou d'apporter la paix, de travailler pour le bonheur des nations et non pour la domination des unes sur les autres.

Homme politique occidental, travaille avec un

cœur pur et alors tu ne travailleras pas inutilement et tu auras surtout réussi ta mission sur terre.

Homme politique occidental, être un homme sage, c'est aussi savoir qu'on ne domine pas le monde par les armes. Tu commets un crime contre la nature en investissant énormément pour fabriquer des matériaux militaires alors que dans le monde, il y a des gens qui n'ont même pas de quoi survivre.

190

18- A quoi ressemblerait un monde où les Hommes travaillent dans la justice et dans la paix ?

Un monde où les hommes travaillent dans la justice et dans la paix, serait comparable à un arbre qui produit ses fruits quand la saison est venue et dont les feuillages gardent perpétuellement leur fraîcheur.

Dans un tel monde, tout ce que l'homme fera

sera une réussite. L'homme aura une vraie dignité et sa renommée sera grande. Sa majesté serait comparable à celle de Dieu.

Si les hommes travaillent unis dans la justice et dans la paix, la terre deviendrait certainement comme un paradis où tous les hommes seront libres. Ce sera la vraie liberté. Toute l'humanité serait bénie. L'esprit du mal n'aurait plus d'effet sur les hommes, les méchants auraient déjà péri et les ennemis de la paix auraient disparu. L'orgueil, la jalousie ne se feront plus sentir.

Le travail : bonheur pour l'humanité

Un monde où les hommes travaillent dans la fraternité serait beau. L'homme ne sera plus un prédateur pour l'homme. Des étrangers ne se dresseront plus contres d'autres. Tout le monde tiendrait compte de tout le monde avant de mener ses actions. Des hommes ne se verront plus être dévalorisés par d'autres. Les hommes ne haïront plus leurs frères dans la réussite de leurs travaux et le travail deviendrait une source de solidarité. On ne serait plus jaloux et l'homme aura glorifié son être. Mais si un

193

homme arrivait à agir mal contre son frère, il se repentirait automatiquement

Un tel monde est pour beaucoup de gens aujourd'hui impossible, vu ce qui se passe. Il est vrai que ce qui se produit actuellement dans le monde peut conduire à croire qu'un monde meilleur est impossible. Mais c'est aussi cette croyance empirique qui aggrave la situation. Un homme qui se dit qu'un monde meilleur est impossible aura toujours en lui la volonté de faire du mal même s'il est capable de ne pas l'avoir. Il se dira chaque fois que : parce que tout le monde fait ceci alors il est inutile de faire cela. En effet, c'est le pessimisme des hommes face à la possibilité d'un monde meilleur qui nous éloigne chaque jour davantage de ce monde meilleur. Il faut croire, il faut être chaque fois optimiste même si ça va très mal. Un monde pareil est possible et ce ne sera pas d'un coup de baguette magique car c'est progressivement que se construit le beau perpétuel.

Table des matières

Première partie :

5- Le travail est-il est nécessité triste ?

6- Avantages et dangers du travail.

7- Que devient aujourd'hui le sport ?

8- Le sport : l'antidote possible pour la bonne réalisation de ses tâches mentales et âmales.

9- La carrière politique est-elle un travail comme les autres travaux ?

10-Comment un nouveau travail se peut-il faire pour être mieux réussi que les précédents ?

Deuxième partie.

11-Citoyens d'Asie et d'Océanie : Vous êtes des espoirs du monde.

12-Citoyen d'Amérique : Apprends à travailler pour le bonheur de l'humanité.

13-Citoyen d'Afrique : Réveille-toi car tu dors.

14-Citoyen d'Europe : Travaille à être utile pour ton continent et pour le monde.

15-Citoyens du monde entier : Rejetez les travaux inconfortables pour l'homme

198

16-Terroriste : Travaille plutôt que de tuer.

17-Hommes politiques du monde entier : La sagesse dirige mieux le sage que dix empereurs un empire.

18-A quoi ressemblerait un monde où les hommes travaillent dans la justice et dans la paix ?

Printed in the United States
By Bookmasters